78902

Au C.n Reigner

De la part de l'auteur.

place un nommé *Efte-*

Ireffé deux tours contre
t maîtres de la partie
ent au fil de l'épée tous
& continuerent pendant
ffacrer tous les Muful-
femblerent tous les Juifs
& les y brûlerent (b),
dix mille Mufulmans (c),
neufe; entre autres ils
te lampes d'argent, qui
nille fix cents drachmes,
demi, un fourneau qui
a foixante marcs, & plus
l).

1100, les Francs prirent
rfûf par compofition, &
la plupart des places mari-
e, ils affiégerent Tripoli,
ommé *Fakro'Imalek*, fils
r du fecours à Shamfo'd-

e la perte de Jérufalem, & d'au-
civiles qui s'allumerent après la
& de Genghizkan, p. 162.

ccident difent qu'il y eut dix mille

qu'il y en eut autant de tués, uni-

bi Amid, p. 363.

s par les Hiftoriens des Croifades;
de la baie d'Acca ou Ptolémaïde,

dawlat Dekak, Prince de Damas, & à Huſſeyn Henaho'ddawlat, Souverain de Hems ou Emeſſe : ils firent marcher des troupes pour le ſecourir ; mais les Francs les défirent. Toutes ces victoires d'un ennemi qui étoit au cœur de la Syrie, n'empêcherent pas les Princes Mahométans de ce pays de pourſuivre leurs deſſeins particuliers, & de ſatisfaire leurs reſſentimens les uns contre les autres. Huſſeyn, qui avoit juſqu'alors ſuivi le parti de Fakro'lmok Redwan, le quitta en 496, & ſe déclara pour Dekak, & Redwan apoſta trois Bathaniens, qui l'aſſaſſinerent dans la grande moſquée.

Quand la nouvelle de cet aſſaſſinat parvint aux oreilles de l'Atabek Tegtekkin, ſurnommé *Fakiro'ddin*, & de *Dekak*, ils marcherent à Emeſſe, qu'on leur rendit avec le château, préciſément dans le temps que les Francs arrivoient à Ruſtan (*a*), dans le deſſein d'attaquer Emeſſe ; mais quand ils apprirent que Dekak y étoit, ils s'en retournerent. L'année ſuivante, 497 de l'Hégire, 1103 de N. S., Sams Al Molk mourut. Il y en a qui prétendent que ſa mere, qui avoit épouſé l'Atabek Tegtekkin, lui envoya une eſclave qui l'empoiſonna, en lui faiſant manger une grappe de raiſin qui avoit été piquée avec une aiguille empoiſonnée. Quoi qu'il en ſoit, Tegtekkin ſe rendit, après ſa mort, maître du royaume de Damas & de ſes dépendances.

En 497, les Francs prirent Acca, que les Hiſtoriens des Croiſades nomment *Acre*, & qui

______

(*a*) Ville ſur l'Aſſi ou Oronte, entre Emeſſe & Hama.

DE LA PHILOSOPHIE

MODERNE,

ET DE LA PART QU'ELLE A EUE A LA RÉVOLUTION FRANÇAISE,

OU

EXAMEN de la brochure publiée par Rivarol SUR LA PHILOSOPHIE MODERNE ;

PAR RŒDERER,

DE L'INSTITUT NATIONAL.

A PARIS,

DE L'IMPRIMERIE DU JOURNAL DE PARIS.

FRIMAIRE AN VIII.

DE LA PHILOSOPHIE

MODERNE,

ET DE LA PART QU'ELLE A EUE A LA RÉVOLUTION FRANÇAISE,

OU

EXAMEN de la brochure publiée par Rivarol SUR LA PHILOSOPHIE MODERNE ;

LA brochure de Rivarol, intitulée : *De la Philosophie Moderne*, est extraite du discours qui doit précéder le *Dictionnaire de la langue française*, annoncé depuis long-temps par l'auteur. Ce discours, imprimé à Hambourg, il y a deux ans, a été jusqu'ici prohibé en France, à cause de la partie que l'auteur en publie aujourd'hui. Voyons si ce morceau méritoit l'importance que le gouvernement lui a donnée, & n'avoit pas plus à craindre de l'étalage que de la clandestinité.

A

(2)

L'auteur commence par définir ce qu'il entend par la Philofophie moderne. Onze pages font employées à cette définition. Il pouvoit être plus bref ; nous allons voir comme il eft judicieux, clair & éloquent.

Mais préliminairement nous voudrions que le le.eur recueillît fes propres idées fur *la Philo-fophie moderne* , & s'arrêtât fur les circonf-tances qui lui paroiffent la caractérifer & la diftin-guer de la Philofophie ancienne. Pour moi, voici à-peu-près ce que j'entends par la Philo-fophie moderne.

D'abord elle a de commun avec l'ancienne , d'être l'amour de la fageffe & la recherche de la vérité. Enfuite , ce qui me femble la diftin-guer de celle-ci, c'eft la fûreté de fes méthodes pour la direction de cette recherche , c'eft auffi l'étendue de fes découvertes. Une connoiffance plus approfondie de l'entendement et de l'ori-gine des idées , a fait remonter aux vrais moyens d'en acquérir et de les vérifier. Ainfi l'expérience & l'obfervation ont remplacé dans toutes les fciences l'arbitraire des hypothèfes & la manie des fyftêmes. La morale & la politique même ont trouvé des bafes folides : elles ont fait fortir de nos befoins nos droits, & de nos droits nos devoirs. Ainfi la fûreté des méthodes, l'étendue des réſultats, me paroiſſent être les caractères de la Philoſophie moderne.

Rivarol y trouvera-t-il autre choſe, de plus grande choſes, de meilleures; ou n'en trouvera-t-il que de moindres & de pernicieuſes ? Voyons le réſumé ds ſes onze pages de définition.

Selon lui la philoſophie moderne, c'eſt « l'ignorance hardie.... C'eſt l'eſprit d'indépendance joint au deſpotiſme des déciſions. C'eſt l'eſprit d'analyſe qui emploie par-tout les diſſolvans & la décompoſition.... Qui tue & diſſèque les hommes vivans pour les mieux connoître.... C'eſt cet eſprit malfaiſant qui trouve tout mal, & qui ne ſe ſoucie point de faire le bien.... Qui ne cherche que le pouvoir au lieu du ſouverain bien.... Qui détruit tout, la politique, la morale, la religion & ſur-tout les rois.... Et qui cependant ſe confondant avec la mode, capte & range ſous ſes enſeignes les courtiſans & les rois.... Qui bâtit entre le tombeau des pères & les berceaux des enfans, accorde l'amour au futur & à l'inconnu, voue la haine aux contemporains.... Rit des droits de la propriété.... Et finit par ne trouver qu'un labyrinte au fond d'un abyme.... »

Voilà ce que l'auteur appelle une *pâle copie de ce que tout le monde voit* dans la Philoſophie moderne. Si c'eft-là une copie de quelque chofe, c'eft affurément une copie brouillée d'un affemblage bien bizarre de chofes bien difparates; perfonne, je penfe, n'y reconnoîtra un fyftême de Philofophie ; ce ne peut être que la copie d'un rêve de l'auteur.

Il eft bien vrai pourtant que l'efprit d'*analyfe* s'eft introduit dans la Philofophie moderne & même la caractérife. Mais qui, par ces mots, a jamais entendu l'efprit de deftruction ? « L'analyfe, dit l'auteur, opère en fens contraire de la Nature ; toujours la première décompofe, & la Nature compofe toujours. » Quelle idée ! Le travail de la nature confifte en décompofitions comme en compofitions ; la moitié du monde périt tandis que l'autre croît. Et l'analyfe ne confifte pas feulement à décompofer ; elle confifte auffi à recompofer ; car nulle analyfe n'eft complète que par la recompofition qui la vérifie, & qui apprend les rapports & les proportions des parties décompofées. D'ailleurs, le but des décompofitions analytiques eft uniquement la compofition. L'analyfe ne décompofe que pour avoir le fecret des bonnes compofitions. L'horloger ne prend la peine de décompofer une montre que pour la raccommoder, que pour apprendre à en faire une meilleure;

(5)

le chymiste n'analyse les substances naturelles que pour apprendre à composer des remèdes, des alimens, des substances artificielles, utiles & agréables, ou pour empêcher que les substances naturelles, mal employées, ne nous nuisent & ne nous détruisent. L'anatomiste ne dissèque, n'*analyse* que pour apprendre l'art de guérir & de conserver. Le politique, le moraliste, le logicien, que décomposent-ils ? Est-ce, comme le dit Rivarol, les choses, les sociétés, l'homme vivant ? Ils décomposent les idées & les mots, voilà tout ; & pour quel objet ? Pour composer des jugemens qu'ils comprennent, des discours qu'ils entendent, des plans dont ils puissent se rendre compte, & pour faire ensuite ce qui est bien ; car pour faire le bien il faut, ce semble, savoir d'abord ce qu'on fait, savoir ce qu'on dit, & savoir ce qu'on pense. Je pourrois demander à l'auteur comment il sait que l'analyse décompose, si ce n'est par l'analyse ; & que la Nature compose, si ce n'est par l'analyse ; & comment il peut nous le dire, si ce n'est par l'analyse ; & pourquoi il n'a pas remarqué que l'analyse compose aussi, n'a même d'autre but que la composition, & que la Nature ne cesse de décomposer ? si ce n'est faute d'analyse.

De la définition de la Philosophie moderne,

A 3

l'auteur passe aux folies, aux sottises, aux crimes qu'il lui impute.

« On peut, dit-il, réduire à un seul tous ses » sophismes : au miracle d'une clarté subite dans » toutes les têtes, & à la propagation *univer-* » *selle* des lumières *chez tous les peuples.* »

Personne n'a cru au miracle de l'illumination subite de toutes les têtes. Quant à la propagation des lumières, chez tous les peuples, qui autorise à la croire impossible ? « Les lumières, » dit l'auteur, gagnent en hauteur, pas en sur- » face ; elles élèvent les sciences, elles n'éclairent » pas le peuple. » Les lumières gagnent en tout sens. Elles n'élèvent ni n'abaissent les sciences, car les lumières & les sciences sont la même chose. Plus les sciences se perfectionnent et se simplifient, ou, ce qui revient au même, plus les lumières ont d'éclat, plus elles frappent d'esprits.

Un autre reproche que l'auteur fait aux phi-losophes modernes, c'est d'avoir, dit-il, pro-clamé « *l'égalité indéfinie* parmi les hommes ; d'avoir décrété *que les hommes étoient natu-rellement égaux sans restriction.* » Les consti-tutions de 91 & de l'an 3 ont proclamé l'égalité de droits, jamais l'égalité naturelle, ni l'égalité indéfinie. Aucun philosophe n'a proclamé l'égalité

naturelle, il auroit parlé contre le fait le plus évident de la Nature. Sieyes a dit, tout au contraire
dans fa belle *expofition raifonnée des droits,*
que ce qui a rendu néceffaire la garantie de l'égalité de droits par l'état focial, c'eft l'*inégalité
des moyens.* « La loi fociale, a-t-il ajouté, n'eft
point faite pour affoiblir le foible & fortifier le
fort, mais pour mettre le foible à l'abri des
entreprifes du fort, couvrir de fon autorité tu-
télaire l'univerfalité des citoyens & garantir à
tous la plénitude de leurs droits. »

L'auteur, au refte, attribue l'erreur (où ne
font pas tombés les philofophes) de croire tous
les hommes égaux, à la confufion qu'on a faite
de la reffemblance avec l'égalité. « Les hommes
naiffent en effet *femblables,* dit-il, *mais pas
égaux.* » Etrange diftinction ! la reffemblance
fans doute approche plus de l'identité que l'égalité. L'égalité et une condition de la reffemblance, la reffemblance n'en eft pas une de
l'égalité. Ainfi l'auteur explique une erreur dans
laquelle perfonne n'eft tombé, par l'ignorance
d'une erreur dans laquelle il voudroit que l'on
tombât.

Un autre crime de la philofophie, c'eft,
felon l'auteur, « la deftruction de toute religion. » On peut lui répondre que la Philofophie

a réuni à son domaine quelques parties dont la
religion avoit voulu s'emparer, telles que la
politique & la morale ; mais sans condamner pour
cela toutes les religions, & sans en détruire aucune. Elle s'est chargée de tout ce qui intéresse
le bonheur des hommes, sans exclure absolument
le concours de toute idée religieuse. L'auteur
dit qu'il n'y a qu'une religion malgré la diver-
sité des cultes ; & cette religion est la religion
naturelle. C'est aller plus loin que n'ont fait
Voltaire & Rousseau, qui ont souvent professé
un profond respect pour la religion chrétienne.

« Quand on ne considéreroit, dit Rivarol,
les religions que comme des superstitions fixes,
elles n'en seroient pas moins les bienfaitrices du
genre humain. » Mais peut-on bien les consi-
dérer comme des superstitions fixes ? n'ont-elles
pas toutes été très-mobiles, ainsi que toutes les
opinions des hommes ?

« Toutes les opinions, continue l'auteur, sont
bonnes quand elles sont fixes. » En partant de
ce principe, l'auteur devroit peu estimer les
idées religieuses ; & au lieu de combattre aujourd'hui les opinions irréligieuses, il devroit
aider à les fixer.

« Ce n'est pas la meilleure loi, c'est la plus
fixe qui est la bonne. » Ainsi, pour rendre notre

conftitution excellente , il n'y a qu'à la mainte-
tenir ; ainfi ce n'eft pas parce que vous la trouvez
mauvaife que vous l'attaquez , vous l'attaquez
pour vous croire en droit de la trouver mauvaife.

« Il n'y a de légitime que ce qui eft fixe , »
& par conféquent , tout ce qui eft fixe eft légitime : c'eft-à-dire , que l'injuftice durable eft
juftice , que la fin de l'injuftice eft crime.

L'auteur déclare au refte que « les prêtres fe
font trompés comme les philofophes, dans l'art
fublime de gouverner les hommes , les prêtres
*pour avoir penfé que la claffe inftruite croi-
roit toujours* , & les philofophes pour avoir
penfé que les peuples s'éclaireroient..... Ils
n'ont pas entendu l'état de la queftion. Il ne
falloit pas plus prouver la religion que l'attaquer.... Il ne s'agiffoit pas de favoir fi elle
étoit vraie , mais néceffaire.... Tout ce qui a
pu tirer l'homme de l'état fauvage étoit admirable : enfer ou paradis , ange ou diable , n'importe...... Les prêtres font les fondateurs des
nations. »

Comment établir la religion dans le peuple ,
fans en prouver la vérité ? comment la faire rece-
voir comme néceffaire , fi on ne l'accrédite
comme vraie ? Elle ne peut être néceffaire qu'au-

tant que le peuple y croit, il ne peut y croire
qu'autant qu'on la lui dit vraie : il faut donc
prouver sa vérité pour établir sa néceffité. Si
vous difiez au peuple : il faut que tu fois dans
l'erreur, il pourroit vous répondre : je le crois
bien ; mais en ce cas, faites donc que j'y fois,
trompez-moi donc, prouvez-moi donc le men-
fonge.

Or, quand la religion a été une fois annon-
cée au peuple comme vraie, quoiqu'au fond fes
apôtres ne l'euffent crue que néceffaire, il a été
tout fimple que ceux qui en ont foupçonné ou
découvert la fauffeté, ne la cruffent plus néceffaire, du moment qu'elle ne leur paroiffoit
plus vraie. Le bon fens fuffifoit pour les faire
penfer ainfi. On a donné la religion pour néceffaire, parce qu'elle étoit fuppposée vraie ;
puifqu'elle eft démontrée fauffe, elle eft donc
nuifible, ou du moins elle n'eft pas néceffaire ;
cet argument n'a pas eu befoin de la philofophie du dix-huitième fiècle pour frapper bien
des efprits.

Au fond, il eft abfurde de dire que toute religion eft admirable, parce qu'elle a tiré l'homme
de l'état fauvage. L'hiftoire eft toute contraire
à cette-dernière affertion : les religions ne font
venues qu'après la formation des fociétés ; & fi,

elles les avoient précédées, il s'en suivroit qu'elles peuvent s'accommoder avec l'état sauvage. Mais il est absurde de trouver également admirable toute manière de tirer l'homme de l'état sauvage. Sans doute toutes les associations humaines n'ont pas eu des principes également heureux ; comment confondre toutes les causes & tous les moyens d'associations ?

Mais si c'est un crime des philosophes modernes, d'avoir attaqué les religions vraies ou fausses, pourquoi leur censeur, pourquoi Rivarol s'en rend-il aussi coupable ? En blâmant les prêtres d'avoir cru que la classe instruite croiroit toujours, il prononce assez nettement que croyance & instruction sont incompatibles ; il ne croit donc pas, lui ; il déclare donc la religion fausse. Il dit au peuple : les prêtres vous trompoient, mais ils devoient vous tromper : parler ainsi, c'est détromper. C'est donc faire ce qu'il reproche à la philosophie d'avoir fait, c'est donner un scandale en combattant le scandale. D'où vient cette faute, qu'il est bon de faire remarquer à Rivarol, & qui le rendra peut-être un peu plus indulgent pour les philosophes modernes ? C'est qu'on n'aime pas à paroître crédule quand on est éclairé ; c'est qu'on craint de manquer au respect qu'on se doit, en feignant d'être atteint de quelqu'infirmité d'efprit, quand on a la confcience de fa pleine raifon ; c'eft qu'on a la noble faibleffe de ne vouloir pas déguifer fon bon fens. Hélas ! quand on voit que le cenfeur de Voltaire, de Rouffeau, de Montefquieu, a la vanité de vouloir auffi paroître un efprit fort dans un livre fait contre les efprits forts, n'eft-on pas bien difpofé à pardonner ceux qu'il accufe ?

Une autre raifon du zèle de l'auteur pour les religions (malgré fon incrédulité philofophique & le fcandale de fa manifeftation), « c'eft que, dit-il, Dieu eft toujours préfent dans l'ordre phyfique, & toujours *abfent dans* l'ordre moral. (*Abfent dans*). » Ainfi, felon Rivarol, il n'y a point de lois naturelles ! point de morale naturelle ! Jamais les théologiens n'ont été auffi loin ; mais continuons :

« Dieu ne préfide, dans l'ordre moral, que par la puiffance intermédiaire des religions. » Notez que l'auteur ne parle que des religions inftituées : ici il n'admet pas plus de religion naturelle que de morale naturelle, quoiqu'il ait déclaré plus haut, que malgré la diverfité des cultes, il n'y avoit qu'une religion, la religion naturelle.

« Dieu meut & règle la Nature par *des lois*

vifibles ; ce n'eft que par la religion qu'il nous *propofe* l'ordre , la règle , le bonheur , l'*attrait* de la vertu & la haine du vice. » Ainfi l'ordre , la règle , la vertu, ne nous font nullement recommandés par les dangers , les maux , la vie miférable , attachés au crime , au vice , au défordre !

« Dieu punit les *fautes ;* c'eft-à-dire , felon l'auteur, les contraventions aux lois phyfiques , mais il abandonne le châtiment *des crimes* à la juftice humaine & à la religion. » Où eft, dans ce fyftême , la part d'autorité qui dans toute fociété appartient inconteftablement aux mœurs , à l'opinion publique & à la confcience des particuliers ? Ne font-ce pas là des puiffances morales prépofées à la récompenfe de la vertu , au châtiment du vice & du crime ?

« *Le crime* eft quelquefois heureux fur la terre ; c'eft qu'il a été commis *fans faute.* » Le crime fans doute eft quelquefois heureux, mais jamais le criminel, foit qu'il ait une religion ou qu'il n'en ait pas.

« Cette théorie , dit l'auteur en finiffant , donne une bafe inébranlable à la juftice et à la religion ; je n'en connois pas de plus *vraie* & de plus *impofante.* » Singulier moyen d'affeoir la juftice , & de lui donner une bafe inébran-

Iable, que de la priver de l'appui des lois naturelles ! Etrange moyen de fortifier l'efpèce
humaine dans la fageffe & la vertu, que de lui
contefter les principes de morale qui lui ont
été intimés par la Nature, & de ne lui en ac-
corder que par l'enfeignement d'une doctrine
religieufe ! Qui donc a jamais méconnu les rapports de notre intérêt avec l'intérêt de nos femblables ? Qui a méconnu dans l'homme la puiffance de calculer ces rapports, & d'en induire
des règles de fageffe & de juftice ? Qui en a
méconnu le fentiment vif & prompt ? Qui n'a
pas obfervé, qui du moins peut nier cet admirable phénomène de l'imagination, qu'on appelle
fympathie ou compaffion, qui nous fait jouir &
fouffrir dans les autres, qui nous unit à leurs
craintes & à leurs efpérances, à leurs joies &
à leurs peines; cette pitié qui, née du fentiment de notre intérêt, paroît lui être fi fupé-
rieure, & fouvent fi contraire; cette pitié
qui nous fait tendre les bras & courir vers le
malheureux qui fe noye, nous précipite dans
les flammes pour fauver les victimes qu'elles
dévorent ? Peut-on nier cette étonnante iden-
tification de nous avec nos femblables, qui
nous pénètre pour nous-même de l'horreur que
nous leur infpirons, lorfque nous avons commis

quelque faute capable de les révolter ; qui en récompenfe nous fait partager le plaifir qu'ils prennent à l'approbation de nos bonnes actions ou de nos bons fentimens ; qui nous arme contre nous-même de ces yeux de lynx que nous connoiffons aux autres, pour pénétrer dans les parties gâtées de notre ame, ou nous donne ces yeux bienveillans qui y regardent avec faveur les affections douces & pures ; qui nous fait éprouver l'horreur de nous-mêmes, ou la douce volupté de nous fentir, avec tous les gens de bien, dans cette harmonie, dans cette intelligence muette, mille fois plus douce que le bruit des éloges & l'éclat de la célébrité ?

« La morale fans la religion, continue Rivarol, c'eft la juftice fans tribunaux. » Sans confcience, oui ; fans religion, non ; car la religion elle-même a befoin de l'appui de la confcience dans le cœur des hommes.

« La religion répond des maffes, la Philofophie ne répond que des individus. » Si la Philofophie ne répond que des individus, pourquoi donc la chargez-vous des crimes des maffes ? Et fi la religion répond des maffes, pourquoi en a-t-elle fi mal répondu à la Saint-Barthélemy & pendant la terreur de 1793 ?

« La Philofophie divife les hommes par les

opinions ; la religion les unit dans les mêmes
dogmes. » Il falloit dire : les opinions divisent
les hommes dans la Philosophie , quand elle est
imparfaite ; mais que la religion unisse par les
mêmes dogmes , c'est ce que ne prouve pas la
nomenclature des innombrables sectes, des innombrables cultes , des innombrables guerres
élevées sur chaque dogme de chaque religion.
La *croyance* est de sa nature bien plus propre
à diviser les hommes que la *connoissance* ; la
Philosophie a ses contrôles dans la nature , la
foi n'en a que dans la doctrine de pontifes inté-
ressés.

Après avoir fait le parallèle de la religion avec
la Philosophie , l'auteur relève longuement quatre
erreurs de métaphysique qu'il lui plaît d'attribuer
à la Philosophie moderne , & qui font au contraire de ces sottises surannées dont la Philosophie moderne a tellement fait justice , que leur
réfutation ne peut plus que paroître ridicule. Ces
erreurs supposées font que l'homme est naturellement libre , juste , bon & solitaire.

Depuis Locke tout le monde sait que la liberté
naturelle consiste dans la puissance de faire ce
qu'on veut, & de choisir , pour vouloir , entre
une détermination et une autre ; & dès long-
temps avant Loke , il étoit reconnu de tout le

monde

monde que la liberté naturelle n'eft pas le but
de l'exiftence , mais un moyen de confervation ,
& l'on favoit auffi qu'elle a pour borne la liberté
de nos femblables qu'il faut refpeéter pour qu'ils
refpeétent la nôtre.

Quant à la juftice & à la bonté , perfonne ,
que je fache , n'a jamais penfé qu'elles fuffent
des qualités de l'homme ifolé , & dans l'état de
nature fauvage ; qu'il y eût une juftice , là où
il n'y a point d'occafion d'être jufte ; qu'il y
eût de la bonté , là où il n'y a pas lieu à l'ap-
plication d'un bienfait ; qu'il y eût des vertus
relatives , là où il n'exifte pas de relations , & des
vertus fociales là où il n'exifte point de fociété.
Quand on a appelé la juftice & la bonté des
qualités naturelles de l'homme , on n'a pas voulu
dire des qualités attachées à l'état de nature fauvage , mais attachées à là nature de l'homme
en fociété.

Enfin , l'auteür a-t-il trouvé écrit quelque part
que l'homme folitaire fût l'homme de la Nature ,
que l'homme ne fût pas fait pour la fociété ?
Qui a jamais douté du contraire ? Qui a jamais
eu la folie d'annoncer quelqu'incertitude à cet
égard ? Rouffeau , à qui l'on a reproché d'avoir
préféré l'état fauvage à la vie civile , n'a jamais parlé de l'état fauvage que comme d'une

B

hypothèſe propre à faire entendre ſes idées ſur
les vices de la ſociété. « Si je me ſuis étendu
» ſi long-temps, dit-il (page 112 de l'édition
» de Kehl), *ſur la ſuppoſition de cette condi-*
» *tion primitive*, c'eſt qu'ayant des anciennes
» erreurs & des préjugés invétérés à détruire,
» j'ai cru devoir creuſer juſqu'à la racine, &c. »
Dans le préambule de ſon diſcours, il ſe plaint
des philoſophes anciens, parce qu'ils ont cru
que l'état de nature avoit pu exiſter, & il ajoute :
« Il n'eſt pas même venu dans l'eſprit de la
» plupart des nôtres de douter que l'état de na-
» ture eût exiſté, tandis qu'il eſt évident par la
» lecture des livres ſacrés, que le premier homme
» ayant reçu immédiatement de Dieu des lu-
» mières & des préceptes, n'étoit point lui-même
» dans cet état, & qu'en ajoutant aux écrits de
» Moïſe la foi *que leur doit tout philoſophe*
» *chrétien*, il faut nier que même avant le dé-
» luge, *les hommes ſe ſoient jamais trouvés*
» *dans le pur état de nature*, à moins qu'ils
» n'y ſoient retombés par quelqu'événement ex-
» traordinaire : *paradoxe fort embarraſſant*
» *à défendre*, ET TOUT-A-FAIT IMPOSSIBLE
» A PROUVER. » (page 62.) Si donc c'eſt à
Rouſſeau qu'en veut Rivarol, il s'eſt mal adreſſé.
Si c'eſt à un autre philoſophe, qu'il nous in-

dique le nom, l'ouvrage & les paroles de ce philofophe, car il feroit difficile de foupçonner fur quel écrit du dix-huitième fiècle tombe une telle imputation.

Qu'il y ait, au refte, dans les nombreux écrits de la littérature ou de la Philofophie moderne, quelque phrafe bien abfurde & bien ignorée, qui prête à la critique de Rivarol, cela nous importe peu ; pour qu'il pût accufer la Philofophie d'une doctrine abfurde, il faudroit qu'il la trouvât énoncée, déduite, dans les ouvrages de nos principaux philofophes, & qu'il n'en trouvât la réfutation dans aucun ; mais il n'aura jamais cette fatisfaction, & c'eft contre fa confcience qu'il a accufé les philofophes modernes d'avoir combattu les idées triviales qu'il croit avoir rappelées & mifes dans un nouveau jour.

Cette accufation, méprifable par fon abfurdité, devient odieufe par toutes celles que l'auteur y ajoute comme autant de conféquences, quoiqu'aucun rapport ne les uniffe.

« Ce n'eft pas pour avoir ignoré ces vérités, dit-il, que je prends à partie les nouveaux philofophes, mais pour les avoir combattues, pour avoir, le jour même de leur toute puiffance, compofé leur déclaration des droits de l'homme, cette préface *criminelle* d'un livre impoffible.... »

Ceci fembleroit s'appliquer aux membres de l'affemblée conftituante; mais autre chofe eft la Philofophie moderne, autre chofe la politique de l'affemblée conftituante; autre chofe les philofophes modernes, autre chofe les conftituans.

D'ailleurs, quelle relation entre l'erreur fuppofée que l'homme eft libre, jufte, bon, folitaire, *dans l'état de nature*, & la déclaration de fes droits dans l'état de fociété ? Déclarer fes droits, n'eft-ce pas déclarer fes devoirs ? Déclarer fes devoirs n'eft-ce pas fuppofer que fa liberté a pour bornes les droits d'autrui, que la juftice & la bonté font des vertus fociales ? Déclarer fes droits & fes devoirs dans l'état focial, n'eft-ce pas le fuppofer fait pour l'état focial ? comment donc attribuer le *crime* de la déclaration des droits à la méconnoiffance des vérités que cette déclaration fuppofe ? enfin, comment cette préface eft-elle criminelle, qui eft formée des principes profeffés par les plus illuftres moraliftes, même par les moraliftes religieux les plus auftères & les plus rigides ? Comment cette préface eft-elle criminelle, & le préliminaire d'un livre impoffible, qui depuis vingt années fe trouve à la tète des conftitutions les plus fages du monde, celles des Etats-Unis d'Amérique ? Mais reprenons les accufations

que l'auteur a liées à ſes critiques de méta-
phyſique.

« Il accuſe les philoſophes pour avoir méconnu la loi des proportions dans un empire. »
Quelle eſt cette loi ? qui l'a déterminée ? eſt-
elle la même chez un peuple qui a l'uſage de
l'écriture, de l'imprimerie, des grands chemins,
des poſtes & des télégraphes, que chez une
nation demi-barbare, privée de quelqu'un de ces
avantages ?

Il les accuſe « pour avoir confondu ſans ceſſe
la ſouveraineté avec la propriété. » Au contraire, l'aſſemblée conſtituante a mérité le reproche de ne les avoir pas aſſez unies. Mais
qu'ont de commun ces griefs avec des opinions
relatives à la liberté, à la juſtice, à la ſocia-
bilité d'où l'auteur les déduit ?

Il les accuſe « pour avoir cru ou feint de
croire qu'il y avoit dans le peuple plus de malheureux que d'ignorans & plus de miſère que
de vice. » Qui a jamais ſongé à établir ces rapports de plus ou de moins entre le vice & la
miſère, l'ignorance & le malheur ? L'aſſemblée
conſtituante, ſans s'occuper d'une queſtion ſi
oiſeuſe, a cru que ces choſes naiſſoient l'une
de l'autre, & elle a voulu porter remède à toutes
deux. Mais n'eût-elle fait que la moitié de ſa

tâche, pourroit-on lui faire un crime de s'être occupée des malheureux, parce qu'ils étoient ignorans, & de la misère, parce qu'elle étoit vicieuse ? Au reste, ceci regarde encore la politique de l'assemblée constituante, & point la Philosophie moderne.

Il les accuse « pour avoir, en semant la démocratie dans leur constitution, établi *un long & sanglant duel* entre la population & le territoire. » Comprendra qui pourra ce grief. Je soupçonne que l'auteur veut déclarer ici pour la centième fois, la France trop étendue & trop peuplée, pour être constituée en république démocratique ; mais ce qui me passe, c'est que la population & le territoire si bien d'accord, dans son système, contre la république, se battent pourtant en duel.

Il les accuse « pour s'être dissimulé que le plus énorme des crimes, c'est de compromettre l'existence des corps politiques. » Encore une fois qu'a cela de commun avec la Philosophie moderne, & qui même entre nos politiques, a jamais nié ce principe ?

Mais ne cherchons pas de liaison entre les idées de l'auteur. Arrêtons-nous à son objet. Il veut mettre sur le compte de la Philosophie, non-seulement la révolution de 89 & celle de

92, ce qui ne la déshonoreroit pas, mais auſſi la terreur·de 93. Tout conſtituant, dit-il, étoit gros d'un jacobin; il devoit ajouter : & tout philoſophe étoit gros d'un conſtituant. Cette addition étoit néceſſaire pour exprimer ſa penſée toute entière, & pour fonder ſon accuſation contre la Philoſophie; mais ſi ce n'ont été là ſes paroles, c'en eſt le ſens. Prenons donc pour complément des outrages faits à la Philoſophie moderne, quatre grandes pages que l'auteur a employées à peindre le régime de la terreur, & voyons ce qu'on peut y répondre.

Malgré la conviction où je ſuis que la Philoſophie avoueroit les grands & durables réſultats de la révolution, je crois qu'il eſt facile de prouver que ce n'eſt pas préciſément elle qui l'a faite, que le règne de la terreur n'a été la conſéquence ni des principes de l'aſſemblée conſtituante, qui a réduit l'autorité royale, ni de ceux de l'aſſemblée légiſlative qui l'a détruite.

La Philoſophie avoit amené, préparé une réformation financière, militaire, civile, morale & religieuſe, & pas une révolution politique. Ce qui a fait la révolution, c'eſt la colère publique excitée par la plus odieuſe réſiſtance à la plus juſte réformation; c'eſt l'enthouſiaſme

excité par les premières victoires de la liberté
sur le pouvoir arbitraire. La Philosophie avoit
rendu le bonheur du peuple néceffaire, mais
fans l'attacher à une nouvelle organifation des
pouvoirs publics. Elle s'étoit même plus adreffée
aux rois qu'aux peuples ; elle avoit plus guidé
les premiers à la fageffe que provoqué les autres
à l'infurrection ; elle avoit du moins laiffé aux
gouvernemens les plus defpotiques l'alternative
de rendre les peuples plus heureux ou de voir
les peuples fe charger eux-mêmes de leur deftinée. Montefquieu, il eft vrai, avoit fait connoître, admirer & chérir dans toute l'Europe
la conftitution anglaife ; mais Voltaire & Rouffeau lui même, avoient adreffé les principaux
ouvrages que leur a dictés la Philofophie à des
hommes puiffans, jamais à des opprimés. C'eft
la royauté que Voltaire avoit chargée de dif-
tribuer les biens dont la Philofophie avoit offert
le tableau ; jamais il n'avoit confeillé au peuple
de s'en faifir ; il vouloit que la royauté fût dotée
de toute la puiffance propre à la bonté & aux
lumières ; c'étoit vouloir l'affermiffement & non
la ruine de la monarchie. En effet, pourquoi
Louis XVI a-t-il vu la Philofophie fe tourner
enfin contre la royauté ? c'eft qu'il ne l'a pas
voulue pour la royauté ; & ce qui prouve in-

conteſtablement cette vérité, c'eſt l'exemple de
la Ruſſie, c'eſt ſur-tout celui de la Pruſſe.
Frédéric, l'ami & le panégyriſte de Voltaire,
le plus zélé partiſan de la Philoſophie moderne,
ne ceſſa pas un inſtant d'être le monarque le
plus affermi dans ſon autorité, parce qu'il fut
auſſi le premier philoſophe de ſes états. / Que
répondront à l'exemple de ce prince, qui n'eut
jamais de cour, ceux qui veulent une puiſſante
nobleſſe autour de la royauté ; de ce prince qui
n'eut jamais de conſeil, ceux qui veulent en-
vironner les rois de tant de miniſtres & de tant
de magiſtrats ; de ce prince ſans culte, ceux qui
veulent au trône l'appui du ſacerdoce & un nombreux clergé ? Frédéric, qui ne croyoit ni au paradis, ni à l'enfer, ni à l'immortalité de l'ame,
& qui le diſoit en proſe & en vers à la face du
monde entier, n'obligeoit perſonne à avoir un
culte ; mais il vouloit que toute croyance fût
tolérée ainſi que tolérante, & tous reſpectoient
en lui le protecteur de la liberté des opinions
& des conſciences. Frédéric étoit obligé à quelques égards envers la nobleſſe de ſes états : l'on
ſait ce que c'eſt que la nobleſſe allemande ; mais
il ne regardoit point la naiſſance comme un titre
aux emplois publics ; elle n'étoit à ſes yeux ni
une preuve ni une diſpenſe de talent ; & il ſavoit

honorer , élever le talent fans naiffance ,
comme délaiffer la naiffance fans talent ; fes
foldats le tutoyoient , l'appeloient leur vieux
camarade , leur vieux Fritz , & ils ne fe fentoient
pas d'une efpèce inférieure aux comtes & aux
barons. Il mettoit quelquefois de l'arbitraire dans
l'exercice de fon pouvoir; mais il ne le faifoit
pefer que fur des hommes puiffans, ou fur des
militaires ; la juftice étoit fcrupuleufement ren-
due au foible contre le puiffant, contre le roi
lui-même : témoin ce meûnier de Sans-Soucy,
qui fe fit fort contre lui de l'autorité du tribunal; fes rigueurs envers les grands, regardées
dans les rangs inférieurs comme une fatisfaction donnée à la foibleffe humiliée, étoient véritablement populaires. Il levoit des tributs ar-
bitraires, mais il étoit économe, & il employoit
bien fon argent. Il levoit des milices nombreufes,
mais il les entretenoit avec foin, les traitoit avec
honneur, les conduifoit avec fageffe & talent;
& elles étoient d'ailleurs néceffaires à l'indépendance de fon pays. En un mot, ce que la Philofophie propofoit pour le bien public, il le faifoit.
On conçoit que toujours empreffé de déférer au
vœu de la Philofophie, il lui fut facile de s'en
fervir pour fa puiffance ; que foigneux de tous
les intérêts, il éloigna aifément des efprits l'idée

de la liberté. En fe faifant premier miniftre de la Philofophie, comme d'autres princes s'étoient fait pontifes de la religion, il eut fur ceux-ci l'ineftimable avantage de faire jouir, tandis que les autres fe bornoient à faire efpérer pour une autre vie. Si Louis XVI eût imité Frédéric, s'il fe fût mis à la tête des philofophes, s'il eût rempli le vœu du vénérable Malesherbes, qui vouloit l'élever à la gloire de régénérer la France, il règneroit encore.

On m'entendroit au refte fort mal fi l'on croyoit que je fuppofe à la Philofophie moderne plus de faveur pour la monarchie que pour la république, & pour un bon roi que pour une bonne conftitution : ce feroit abfolument le contraire de ma penfée. Je ne prétends avancer ici qu'un fait, c'eft que, contente d'améliorer fenfiblement la condition des peuples, elle n'avoit pas afpiré, avant 1789, à la rendre incontinent la meilleure qu'il fût poffible. S'il y avoit de l'aveuglement à efpérer une longue fuite de bons rois, il y avoit auffi de la prudence à éviter les dangers de leur réfiftance à l'émancipation du peuple; il étoit pardonnable de préférer le bien qui pouvoit s'obtenir à titre de conceffion paifible, à un mieux qui ne pouvoit être que le prix d'une lutte violente & de chances défaftreufes. D'ailleurs, pour inftruire le peuple, il n'y avoit pas de voie plus courte que l'organe des rois eux-mêmes; il leur étoit plus facile de répandre la vérité parmi les hommes, par les édits, qu'aux philofophes par leurs écrits.

Quand, en 89, le gouvernement royal, con-damné à être jufte & bon, voulut fe fouftraire à une obligation fi pénible, quand il en fut puni par l'indignation publique, quand la nation exi-gea, non-feulement un retour à la juftice, mais une garantie contre de nouveaux écarts, quand elle fit, moins à l'aide de difcuffions philofo-phiques que des conftitutions anglaife & amé-ricaine qu'elle avoit prifes pour modèles, cette conftitution de 1791 qui a fi peu duré, alors même il dépendoit encore de la royauté de fe maintenir. Elle n'avoit qu'à s'attacher à la confti-tution, elle auroit du moins enrayé cette révo-lution qu'elle n'avoit pas fû prévenir. Mais au lieu de s'y fixer, elle en conjura elle-même la perte; elle l'attaqua d'un côté, tandis que l'anar-chie l'attaquoit de l'autre; & les amis de la liberté, obligés de prendre parti dans le combat, pré-férèrent celui qui leur offroit l'efpérance de fauver cette liberté, objet de leurs affections & de leurs facrifices.

Il me paroît donc affez clair que la révo-

lution n'eſt pas née immédiatement de la Philoſophie : la Philoſophie l'avoue , l'affectionne
comme l'ennobliſſement d'une nation nombreuſe
& ſuſceptible de tous les genres de gloire &
de bonheur ; mais elle n'en a pas tout l'honneur.

Cela poſé, quand le régime de la terreur auroit
été une conſéquence néceſſaire de la révolution
& l'ouvrage des conſtituans, il ne s'enſuivroit
pas qu'il eût été l'ouvrage de la Philoſophie.
Mais ſi la révolution n'a pas été un produit néceſſaire de la Philoſophie , la terreur a encore
moins été un produit néceſſaire de la révolution,
& encore moins un fruit de la Philoſophie elle-
même. La terreur a été une véritable contre-
révolution , & non une ſuite ou un complément
de la révolution ; ça été l'exercice d'une tyrannie
farouche & ſanglante , & non un abus ou un
accès de la liberté. Le parti de la Gironde qui
a abattu la royauté a péri par la terreur , &
le chef de cette terreur a été ce Robeſpierre qui,
dans les premiers jours d'août 92 , ſe portoit encore pour défenſeur de la royauté. La terreur n'a
donc pas été la ſuite & l'effet néceſſaire de la
révolution : elle a été l'ouvrage de quelques ſcélérats ſurvenus dans ſon cours , ou qui s'y
ſont rencontrés , & s'en ſont emparés à la

faveur des circonstances. Et faut-il les rappeler
ces circonstances ? faut-il retracer la souffrance
de ce peuple impatient & aveugle, à une époque
où les revers militaires se succédoient rapide-
ment, & où les subsistances poursuivies par des
assignats avilis, se déroboient à ses besoins ? Alors
il appartenoit, par ses appréhensions & par ses
fureurs, non à ceux qui pouvoient le mieux le
servir, mais à ceux qui savoient le mieux le flatter;
alors son sort étoit de se livrer à des scélérats subal-
ternes qui n'avoient pas même besoin d'être des
factieux hardis ; & c'est ainsi que la révolution est
tombée dans les mains qui devoient la désho-
norer. Le secret de l'organisation de la terreur,
ce secret ignoré de ceux qui en ont tiré le plus
de parti, a consisté uniquement en ces trois choses:
le resserrement des subsistances par l'émission dé-
sordonnée des assignats, l'irritation du peuple par
la crainte de la famine, sa corruption par les
assignats même & par la spoliation des proscrits.
Voilà les circonstances à l'aide desquelles un petit
nombre de scélérats, revêtus de l'autorité na-
tionale, ont pu oser tous les crimes. On a attri-
bué à l'ascendant de leur génie un pouvoir qu'ils
ne durent qu'au malheur du peuple & à sa pro-
fonde ignorance. Les circonstances qui ont fa-
vorisé la terreur ne naissoient point immédiate-

ment de la révolution, elles étoient étrangères à fes chefs. Ces hommes qui n'avoient pas fait la république & qui ont fait périr fes auteurs, ne peuvent pas être confidérés comme fes continuateurs néceffaires, comme les fidèles obfervateurs de l'efprit & des intentions dans lefquels elle a été fondée. Encore une fois, leurs crimes font un affreux accident dans cette grande hiftoire, & n'entroient pas dans la marche naturelle des événemens.

Si les crimes de la terreur ne font pas une fuite de la révolution, non plus que la révolution l'ouvrage immédiat de la Philofophie, il faudroit qu'ils euffent été immédiatement commandés par elle, pour que Rivarol fût fondé à les lui attribuer. La Philofophie a-t-elle commandé la terreur, voilà donc ce qui nous refte à examiner.

Avoir prefcrit la terreur, ce feroit avoir prefcrit tous les crimes ; la queftion fe réduit donc à favoir où, comment, par quel organe, par la voie ou par la plume de quel philofophe moderne, la Philofophie a prefcrit la fpoliation, le pillage, la profcription, le meurtre, le maffacre. Ainfi réduite, il eft plus difficile de concevoir comment on a pu la propofer, que de la réfoudre. Eft-ce Montefquieu, eft-ce Vol-

taire, eft - ce Rouffeau, eft-ce Diderot, eft-ce
Mably, que Rivarol prétend accufer ? Mais tout
le monde connoît comme lui leurs ouvrages,
& perfonne n'y citeroit une ligne propre à ac-
créditer le fyftême de la terreur. On a reproché à Diderot d'avoir prêché l'abolition de la
propriété ; mais outre qu'abolir la propriété
feroit toute autre chofe qu'autorifer l'enva-
hiffement des propriétés & la profcription des
perfonnes, il eft reconnu faux que Diderot foit
l'auteur de ce *Code de la Nature* dont on lui a fait
un crime. Quant à Mably, il a véritablement dé-
clamé contre les richeffes, contre la propriété ;
mais ç'a été en politique fpéculatif & nullement
en orateur féditieux ; ç'a été contre la doctrine
qui a fait des riches & non contre les riches ;
ç'a été contre les légiflateurs de tous les temps, et
non contre les lois fur lefquelles repofoient, dans
fon pays, la propriété & la fûreté des citoyens.
Au refte, les ouvrages de Mably ne font pas la
Philofophie moderne, tous les philofophes modernes ne font pas dans Mably. Mably fut pu-
blicifte plutôt que philofophe. Jamais on ne l'a
mis fur la ligne de Montefquieu, de Voltaire,
de Rouffeau, ni pour le talent, ni pour le genre
de fes ouvrages. Tout le monde connoît fon
déchaînement continuel, dans la fociété, contre

Voltaire,

Voltaire, & les deux vers pleins de mépris par lesquels Voltaire le punit de vingt années d'injures.

Mais quelle preuve encore que Mably ait dirigé les principaux agens de la terreur ? Eſt-ce la citation que pluſieurs ont faite de quelques-unes de ſes phraſes ? Mais autre choſe eſt le motif du crime, autre choſe la couleur que le ſcélérat veut y donner avant de le commettre, ou l'excuſe dont il ſe ſert après l'avoir commis. Que quelques conſpirateurs, dans le procès de Babœuf, que quelques orateurs du comité de ſalut public de la convention, aient cité Mably, cela n'accuſe pas plus ſes ouvrages que Cartouche n'eût accuſé l'*Imitation de Jéſus-Chriſt*, s'il l'eût citée pour prouver le néant & le danger des richeſſes. C'eſt une exagération puérile d'attribuer à de vaines opinions rencontrées par peu d'hommes, dans les pages d'un livre ſans autorité, la puiſſance d'inſpirer les deſſeins accomplis par la terreur, & d'en organiſer le régime. Il eſt ridicule d'attribuer à trois pages de Mably un pouvoir que n'eurent jamais l'Evangile, ni l'Alcoran. Ce qui a enfanté les crimes de la terreur, je le répète, c'eſt la ſouffrance populaire pouſſée juſqu'à la frénéſie, par des ſcélérats qui avoient le beſoin du crime & une grande

C

autorité politique. Ce qui a enfanté les Billaud,
les Collot, les Babœuf, c'est le même concours
de circonstances qui ont fait des scélérats, dans
tous les temps, & qui en ont élevé plusieurs à
des places éminentes d'où ils pouvoient répandre
les calamités aux plus longues distances. S'ils
ont invoqué la Philosophie, ç'a été comme des
scélérats de cour ont invoqué autrefois la religion pour des proscriptions religieuses ; s'ils ont
entouré la hache révolutionnaire de sentences
philosophiques, c'est comme des assassins royaux
ont écrit dans d'autre temps le nom de Dieu
sur leurs drapeaux, comme les pontifes qui les
conduisoient ont répandu les bénédictions sur leurs
poignards. Ils auroient invoqué l'Evangile comme
le plus respecté des livres, s'il n'étoit entré dans
leurs vues d'en frapper les ministres ; quelques-
uns d'entr'eux n'ont-ils pas même essayé de placer
Jésus à leur tête (1) ? S'il étoit un écrivain au-
quel on pût attribuer le régime de la terreur ;
ce seroit Machiavel ; je m'engage à montrer que
les feuilles de Marat sont pleines de ses vues &
de ses principes : eh bien ! l'ont-ils jamais cité,

---

(1) *Jésus* fut proclamé réellement *le premier des
sans culottes* dans plusieurs écrits révolutionnaires.

ont-ils jamais invoqué fon nom ? Ils s'en font
bien gardés, parce que ce nom étoit généralement abhorré. Eh ! comment interdire l'hypo-
crifie à la fcélératelfe toute puiffante ? S'il étoit
poffible d'empêcher qu'elle ne prît un mafque,
ne feroit-il pas poffible de l'empêcher d'être ?

Un feul argument appuie l'accufation de Rivarol au fujet de la terreur : c'eft que Robefpierre, *le plus obfcur fatellite de la Philofophie moderne*, s'eft, dit-il, élevé au trône de
la terreur par un fentier que les philofophes
lui avoient ouvert de leurs mains *& pavé de
leurs têtes.* Certes, il y a dans ce peu de mots,
beaucoup de mauvaife logique (fans parler du
mauvais goût.) Si l'auteur avoit dit : « La
preuve que la terreur eft née de la Philofophie,
c'eft que Robefpierre, le plus éminent des philofophes, s'eft élevé au trône par un fentier que
les philofophes avoient pavé de la tête des en-
nemis de la Philofophie », on entendroit ce
raifonnement; il n'y manqueroit que la vérité
de fait. Mais comment entendre fans un peu de
pitié, accufer les plus plus grands philofophes
des crimes de leur plus vil fatellite, & les en
accufer, fur-tout, parce que leurs têtes lui ont
fervi de pavé ? Quoi ! vous prouvez qu'ils ont
été fes complices, parce qu'ils ont été fes vic-

times ? Mais des nobles, des prêtres, n'ont-ils pas aussi péri sous les coups de la terreur ? Pourquoi donc ne diriez-vous pas tout aussi bien que la terreur a été l'ouvrage volontaire du patriciat & du sacerdoce ?

Une preuve que la Philosophie n'a pas enfanté les crimes de la terreur, c'est que Robespierre en les ordonnant étoit le détracteur de la Philoso-phie, l'ennemi des philosophes, le vengeur de l'Eternel, tout comme M.r de Rivarol. Il a égalé M.r de Rivarol en injures contre les hommes les plus respectés, comme lui, les a accusés d'athéisme, comme lui, a accusé l'athéisme de tous les maux qu'il vouloit réparer. Rivarol étoit philosophe pour Robespierre, comme Robespierre l'est pour Rivarol. « Les philosophes, a dit Robespierre (1), étoient pour la plupart des charlatans ambitieux ; ils déclamoient quelquefois contre le despotisme, & ils étoient pensionnés par les despotes ; ils faisoient tantôt des livres contre la cour, & tantôt des dédicaces aux rois, des discours pour les courtisans, des madrigaux pour les courtisanes. Ils étoient fiers dans leurs écrits, rampans dans les anti-chambres ; ils réduisoient

____

(1) Rapport du 18 floréal de l'an 2.

l'égoïfme en fyftême , regardoient la fociété humaine commme une guerre de rufe , le fuccès
comme la règle du jufte & de l'injufte , la probité
comme une affaire de goût ou de bienféance ,
le monde comme le patrimoine des fripons
adroits » . . . .

« Les philofophes fe font tous déshonorés dans
la révolution , reprend Robefpierre ; & à la honte
éternelle de l'efprit , la raifon du peuple en a
fait feule tous les frais. Homme petits & vains ,
rougiffez. Les prodiges qui ont immortalifé cette
époque de l'hiftoire humaine , ont été opérés fans
vous & malgré vous : le bon fens fans intrigue ,
le génie fans inftruction, ont porté la France à
ce dégré d'élévation qui épouvante votre baffeffe
& qui écrafe votre nullité ». L'anathême lancé
par Robefpierre contre la Philofophie , l'hom-
mage qu'il fait au peuple de la révolution , à
ce peuple que Rivarol appelle *antropophage* ,
qu'il dit être inacceffible à la Philofophie , font
des témoignages irrécufables de cette vérité trop
conftante , que c'eft principalement le peuple
qui a fait la terreur , effarouché qu'il étoit par
la guerre & la famine.

Qu'il me foit permis de revenir ici fur une réflexion que j'ai faite plus haut. Si la Philofophie ne peut jamais parvenir jufqu'au peuple ,

comme le prétend Rivarol, fi les lumières ne
defcendent jamais, fi le peuple eft condamné à
être toujours brute, féroce, antropophage, fi,
d'un autre côté, la religion peut feule, fuivant
lui, mener les maffes comme la Philofophie les
individus, fi la religion feule peut contenir le
peuple, fe faifir de fes paffions & les refréner,
il faut que le détracteur de la Philofophie moderne & le prôneur de toute religion nous explique deux chofes : la première, comment il
peut mettre fur le compte de la Philofophie,
qui n'arrive jamais au peuple, les crimes populaires de 93 ; la feconde, comment la religion
qui l'ayant une fois faifi le conduit toujours, l'a
fi fubitement & fi généralement abandonné à la
même époque, & eft devenue elle-même l'objet
des outrages populaires comme fes miniftres font
devenus l'objet des plus cruelles perfécutions :
en un mot, il faut qu'il nous dife comment la
Philofophie d'un demi-fiècle, la Philofophie qui
n'a point d'accès dans le peuple, lui a fait commettre tant de crimes, & comment la religion,
forte de dix-huit fiècles d'antiquité, la religion
qui pénètre fi avant & ferre de fi près, en a fi
peu empêché. Après qu'elle a fervi de prétexte
à l'affaffinat de cent mille Français dans la nuit
de la Saint-Barthélemi, & qu'elle n'a pas fervi

d'obſtacle à l'aſſaſſinat de cent mille autres Français pendant la terreur, il eſt permis de re-
trancher quelque choſe aux idées qu'on veut nous
donner de ſa toute puiſſance pour le bonheur
des hommes. Robeſpierre, après avoir rétabli le
culte de l'Être-Suprême, a encore aſſaſſiné pendant quatre mois conſécutif.

Mais terminons cette longue diſpute ; le té-
moignage de tous les hommes raiſonnables &
éclairés ſuffit contre Rivarol : loin qu'un homme
de quelque ſens ait jamais accuſé la Philoſophie
moderne des excès de la révolution françaiſe,
j'ai ouï, au contraire, un grand nombre de gens,
même très-pieux, trouver auſſi odieuſe & auſſi
abſurde l'accuſation portée contre la Philoſophie
pour les atrocités commiſes ſous ſon nom en 93,
que celle portée contre la religion chrétienne
pour le maſſacre des proteſtans. J'ai ouï dire
ſouvent que notre révolution politique n'avoit eu
ſes excès que faute de Philoſophie, comme les
révolutions religieuſes que faute de religion. J'ai
ouï accuſer l'imprévoyance de l'aſſemblée conſtituante & condamner ſes fautes ; mais la Philoſophie eſt autre choſe que l'aſſemblée conſtituante, l'imprévoyance autre choſe que la ſcé-
lérateſſe ; voilà le langage des honnêtes gens,
des gens de bon ſens. Ce n'eſt pas parce qu'il

a plu à Billaud & à Saint-Juft de dire : nos crimes font autorifés par la Philofophie, que Rivarol pourra dire : la Philofophie eft coupable des crimes de Billaud & de Saint-Juft. Il y a de la démence à répéter le langage de ces monftres, pour accufer les hommes dont ils ont fouillé le nom ; accufer la Philofophie des crimes de 93, c'eft abfoudre les fcélérats qui les ont commis, c'eft abfoudre la fcélérateffe pour écrafer la vertu dont elle a pris le mafque. Si un affaffin ofoit, au milieu de fes complices ou devant le tribunal, rapporter fes attentats à la vertu, feroit-on fondé à dire pour cela au tribunal : pourfuivez la vertu & puniffez les hommes qui l'ont enfeignée ?

Qelles font donc les efpérances des détracteurs de la Philofophie, dans ce moment extrême, où feule elle peut fervir de raliement aux efprits que la révolution a fi violemment divifés, où feule elle peut modérer des paffions funeftes, diffiper des préjugés nouveaux déjà fubftitués aux anciennes erreurs ? Eft-ce de nous ramener à la barbarie ? Vaine & odieufe prétention. Il n'appartient ni à Rivarol, ni aux rhéteurs peu nombreux qui font entrés dans la même carrière que lui, d'effacer le fouvenir des grands hommes qui ont illuftré le dix-huitième fiècle. Ils nous offrent le combat avec une affurance non moins ridicule qu'infolente. Ce n'eft pas contre nous, ce n'eft pas contre les difciples de la Philofophie moderne qu'ils ont à fe mefurer, c'eft contre ceux qui l'ont créée, enfeignée : ces grands hommes vivent tout entiers dans leurs écrits. Montefquieu, Voltaire, Rouffeau, Diderot, Dalembert, tiendront toujours plus de place dans l'opinion que deux ou trois écrivains polémiques. Quand les hommes qui penfent ne fe rangeroient pas du côté des philofophes comme près du parti le plus fage, ils s'y attacheroient comme au parti le plus confidérable & le plus fort. Et il n'eft même plus befoin de cette illuftre phalange pour la fûreté de la Philofophie : la Philofophie n'eft plus renfermée dans les livres des fages ; elle en eft fortie, comme la lumière s'eft échappée du foleil ; comme la lumière, elle eft aujourd'hui répandue fur toute la terre ; elle brille fort haut par-deffus toutes les têtes ; elle eft réfléchie dans la plupart des inftitutions fociales, mêlée à l'air que nous refpirons. Elle peut être un moment altérée par quelque alliage impur, obfcurcie par quelques nuages, mais fa deftinée eft de fe remontrer toujours & de reparoître inceffamment dans toute fa fplendeur.

Il me refte à parler du ftyle de l'auteur.

Son ouvrage manque abfolument de méthode,

parce qu'il n'y a point de méthode qui ferve à l'arrangement d'un fyftême abfurde. Il n'y a point de place marquée par la logique pour les idées fauffes, ni même pour les idées vraies, quand on veut en inférer des conféquences fauffes. Le fophifme a befoin des ténèbres. La méthode tueroit l'erreur ou la fauffeté, en l'éclairant. Ainfi, nul enchaînement, nul accord entre les principes de Rivarol ; nulle fuite entre fes principes & fes conféquences. Il commence, comme on l'a vu, par réduire les erreurs de la Philofophie à un feul fophifme : *au miracle* d'une clarté fubite dans les efprits, & à la propagation *univerfelle* des lumières *chez tous les peuples* (locutions vicieufes, car un miracle n'eft pas un fophifme, & la propagation *univerfelle*, difpenfoit d'ajouter *chez tous les peuples*) ; & immédiatement après, lorfqu'on s'attend à voir décompofer cette idée qui doit renfermer toutes les autres, il accufe la philofophie de cent crimes qui n'ont rien de commun entr'eux. Tel eft le crime fuppofé d'avoir proclamé l'*égalité indéfinie ;* enfuite celui d'avoir proclamé l'athéifme ; enfuite celui d'avoir affuré que l'homme eft naturellement libre, jufte, bon & folitaire ; enfuite celui d'avoir fait la révolution ; enfuite celui d'avoir pavé de la tête des philofophes le chemin que les chefs de la terreur fe font ouvert au trône. Quelle relation y a-t-il entre toutes ces chofes ? Quel art pouvoit lier des idées fi difparates & enchaîner tant de difcuffions diverfes dans une même difcuffion ?

L'auteur n'a pas fuppléé au défaut de méthode par ce beau défordre qui fuit & peint les grands mouvemens de l'ame , par ce défordre qui n'eft qu'apparent, qui n'eft que l'abfence de la didactique , et qui fuit la marche déterminée par le fentiment profond de la vérité. Les grands mouvemens font réfervés aux écrivains fincères & convaincus.

Si l'on confidère cet ouvrage dans fes détails, on y trouvera quelques beautés , mais encore n'en eft-il aucune qui foit pure. La defcription de la terreur a du mouvement & offre de belles images; mais ce mouvement eft mal foutenu , & ces belles images font fouvent mal entourées. Nulle gradation dans les idées , nul progrès dans les fentimens; des répétitions , des longueurs , des réflexions froides font jetées entre les chofes touchantes. On voit dans les diftributions de ce tableau l'impuiffant travail de l'art , & rien de l'heureux abandon d'une ame profondément affectée. Il étonne quelquefois & n'entraîne jamais.

Ce qu'on vante le plus dans le ſtyle de l'auteur , c'eſt la couleur. En effet, il en met par-
tout & ſouvent elle jette beaucoup d'éclat ; mais
outre que les images dont il ſe ſert ſont rare-
ment juſtes & préciſes, qu'elles ſervent plus à
donner le change ſur la vérité que l'auteur fuit
toujours, qu'à fixer l'idée fauſſe qu'il voudroit
communiquer , elles ſont preſque toujours inco-
hérentes & diſparates.

Nous avons noté un aſſez grand nombre d'ex-
preſſions qui aſſurément bleſſent le goût, & il
eſt bon de remarquer qu'elles ſe rencontrent
toujours à côté de quelque trait brillant, comme
pour l'affoiblir & en expier le mauvais uſage.
Il ſemble que ce ſoient des taches multipliées
par la crainte de trop bien ſervir une mauvaiſe
cauſe , ou par la honte de l'avoir trop ſervie.

Dans ſon avertiſſement, l'auteur dit , en parlant des philoſophes, que *pour avoir ignoré le
poiſon des germes qu'ils ſemoient, une ef-
frayante complicité pèſe ſur leur tombe , &
leur épitaphe ſe méle à celle d'un grand empire*. Ignorer un poiſon, une complicité qui pèſe
ſur une tombe , une épitaphe qui ſe mêle à une
épitaphe ; tout cela eſt de l'amphigouri.

L'auteur cite comme un mot mémorable, cette
prétendue parole d'un philoſophe moderne mou-

rant de ſes propres mains : *Hélas ! nous n'a-vons trouvé qu'un labyrinthe au fond d'un abyme.* On peut ſuppoſer un abyme au fond d'un labyrinthe ; il eſt ridicule de mettre un labyrinthe au fond d'un abyme. Au fond de l'abyme eſt le néant & non l'égarement.

Il dit à la page 15 : « La Philoſophie étant le fruit des longues méditations & le réſultat de la vie entière, ne doit, ni ne peut être préſentée au peuple qui eſt toujours au début de la vie. » Cela eſt bien, ſauf le ſophiſme. Mais quand l'auteur ajoute : « Les payſans, par exemple, ſont chargés de la première digeſtion du corps politique. » Il offre une image groſſière.

« L'eſprit eſt le côté partiel du cœur, le cœur eſt tout. » Qu'eſt-ce qu'un côté partiel ? Qui dit côté, dit partie d'une ſurface.

« La politique, dit-il page 36, demande des leçons à la morale & des forces à la religion ; elle emprunte des lumières à la Philoſophie même » : juſqu'ici la phraſe eſt noble. « Enfin, continue l'auteur, elle prend des brides de toutes mains. » Ceci eſt au moins diſparate.

En parlant des animaux, page 56, il s'exprime ainſi....... « Nous vivons de leur chair, nous buvons leur ſang. Que dis-je ? *nous leur*

tendons une main perfidement protectrice; nous
leur prodiguons la nourriture; & , tantôt favo-
risant leurs amours, tantôt les privant & des
sources & des plaisirs de la génération, nous
multiplions & nous perfectionnons nos victimes.
La faim & l'amour, ces deux grands bienfaits
de la nature *ne font ENTRE NOS MAINS QUE
DES PIÉGES* toujours tendus à ces malheureux
compagnons de notre séjour sur la terre. »

A la page 61, l'auteur prend à partie les
philosophes, entre autre choses, pour avoir,
en femant la démocratie dans leur constitution,
*établi un long & fanglant duel entre la po-
pulation & le territoire de l'Empire.* » Le duel
de la population & du territoire établi par la
démocratie femée, offre une image bizarre &
incohérente; & au fond l'auteur dit le contraire
de ce qu'il veut dire : car la population & le
territoire font, felon lui, d'accord pour récla-
mer contre la constitution de la république.

Page 62, il appelle les sociétés politiques de
vastes corps *dont les hommes & la terre font
les deux moitiés.* On peut dire que la *nature*
& l'homme font en société, font de moitié;
pour la fructification de la terre : mais la terre
ne peut pas être en *société politique* avec
l'homme; ni former un corps avec l'homme.

Page 63 , après avoir dit que dans l'état focial l'homme a l'étoile polaire à fa difpofition, ce qui eft beau, il ajoute : & *le temps dans fa poche* ; ce qui eft ridicule.

Page 64 ; il eft du deftin de nos philofophes de ne lire, ni dans les archives du temps, *ni dans les patentes de la nature.* Autre difparate de même genre.

Page 73 , l'auteur s'arrête à la vue d'un vafte Empire qui crie, *de toutes fes proportions* , à la monarchie, &c.

D'après ces exemples, je me crois autorifé à répéter ici ce que j'ai dit, dans le Journal de Paris, du ftyle de l'ouvrage de Rivarol.

On y trouve une certaine agitation qui ne communique point de chaleur & des images qui ne laiffe aucune idée. Il eft plein de traits brillans & ne renferme pas une page qui ne foit obfcure. Si l'auteur élève quelquefois l'imagination, auffitôt il offenfe le goût. Il réunit dans quelques lignes les expreffions les plus difparates. Il commence une phrafe comme Boffuet, & la finit comme Scaron. Son ftyle annonce partout du talent, & c'eft un mauvais ftyle.

Un de mes amis, diftingué entre nos poëtes tragiques, m'avoit dit que le livre de Rivarol étoit écrit du ftyle de Balzac. J'ai relu Balzac

après avoir lu Rivarol, & je l'ai trouvé simple
en comparaison de celui-ci. Pour mettre le lec-
teur à même d'en juger, je vais transcrire ici
les phrases de Balzac sur lesquelles je suis tombé
en ouvrant son livre. Elles sont extraites d'un
morceau intitulé *le Romain*, & adressées à la
marquise de Rambouillet. Elles m'ont paru aussi
bonnes à citer à Rivarol qu'à ses lecteurs.

« La république, dit-il, en parlant du vrai
citoyen romain, ne peut le perdre, quelque né-
gligente qu'elle soit à le conserver. Il souffre non-
seulement avec patience, mais même avec gaîté
ses mépris & ses injustices. Jamais il ne lui est
venu en l'esprit de se venger d'elle par une guerre
civile, & il trouve bien plus honnête le nom
d'innocent banni que celui de coupable victo-
rieux. On lui a persuadé dans son enfance, &
depuis il n'en a pas douté, qu'un fils ne se peut
jamais acquitter de tout ce qu'il doit à sa mère,
voire à une mauvaise mère qui est devenue sa
marâtre, & qu'un citoyen est toujours obligé à
sa patrie, voire à son ingratte patrie qui l'a traité
en ennemi. » On peut défier Rivarol d'extraire
de son ouvrage un morceau aussi irréprochable,
sous tous les rapports, que celui-là.

Je finis pas une réflexion : s'il n'est pas toujours accordé à la vérité d'être éloquente & forte,

il

il n'appartient pas non plus à la paffion, à l'humeur, aux préventions irréfléchies, de l'être
contre la juftice & la vérité. La paffion injufte
ou baffe a trop de vues à cacher, & a trop
befoin d'art pour fe permettre l'abandon. La
paffion farouche produit des fureurs & point
d'enthoufiafme. L'humeur eft privée de l'abon-
dance des haines légitimes, & fes dénigremens
n'ont pas la hauteur du mépris. Des préventions
n'échauffent pas comme la conviction; elles n'ont
jamais en audace, ce que le fentiment de la
vérité peut avoir en courage. En un mot, le
fecret des fuccès n'eft pas dans le talent feul, il
eft dans l'union du talent avec la probité.